Ulrich Peters

Von der Kerze, die nicht brennen wollte

Eine Weihnachtsgeschichte

Nein, das hatte es noch nicht gegeben. Eine Kerze, die nicht brennen wollte, war absolut einmalig. Es herrschte große Aufregung unter den Kerzen im Wohnzimmer – zumal bald Weihnachten gefeiert werden sollte und die Kerzen mit ihrem festlichen Glanz die Dunkelheit verwandeln wollten.

Eine alte, erfahrene Kerze bot sich an,
mit der kleinen zu reden. „Nein, ich möchte
nicht brennen", antwortete die Kleine
störrisch. „Wer brennt, verbrennt recht
bald, und dann ist es um ihn geschehen.
Ich möchte bleiben, wie ich bin – so schlank,
so schön und so elegant."

„Wenn du nicht brennst, bist du tot,
noch bevor du gelebt hast", antwortete
die Alte gelassen. „Dann bleibst du auf ewig
Wachs und Docht, und Wachs und Docht
sind nichts. Nur wenn du dich entzünden
lässt, wirst du, was du wirklich bist."

„Na, da danke ich schön", entgegnete die Kleine ängstlich. „Ich möchte mich nicht verlieren, ich möchte lieber bleiben, was ich jetzt bin. Gut, es ist etwas langweilig und manchmal etwas dunkel und kalt, aber es tut noch lange nicht so weh wie die verzehrende flackernde Flamme.

„Man kann es eigentlich nicht mit Worten erklären, man muss es erfahren", antwortete die Alte rätselhaft. „Nur wer sich hergibt, verwandelt die Welt, und

indem er die Welt verwandelt, wird er auch mehr er selbst. Du darfst nicht über das Dunkel und die Kälte klagen, wenn du nicht bereit bist, dich anstecken zu lassen."

Da ging der kleinen Kerze plötzlich ein Licht auf. „Du meinst, man ist das, was man von sich herschenkt?"

„Ja", antwortete die Alte. „Man bleibt dabei nicht so schlank, so schön und so elegant. Man wird gebraucht und gerät auch etwas aus der Form. Aber man ist mächtiger als jede Nacht und alle Finsternis der Welt."

So geschah es, dass die kleine Kerze ihren Widerstand aufgab und sich entzünden ließ. Je mehr sie flackerte, umso mehr verwandelte sie sich in reines Licht und leuchtete und strahlte, als gelte es, die ganze Welt zu wärmen und alle Nächte hell zu machen. Wachs und Docht verzehrten sich, aber ihr Licht leuchtet bis auf den heutigen Tag in den Augen und Herzen all der Menschen, für die sie brannte.

Zum Autor:
Ulrich Peters, Vorstand und Verleger. Veröffentlichungen zum Thema Lebenskunst, zu Weihnachten und zu den Festen im Jahreskreis.